Über dieses Buch »Peter Huchel gehört zur Familie der Landschaftsdichter, die sich schon während der zwanziger Jahre unter der Führung von Loerke, Lehmann und Britting mit einer neuen naturlyrischen Formel gegen den Expressionismus erhoben, aber erst nach dem Zweiten Weltkrieg zu größerem und zeitweise dominierendem Einfluß gekommen sind. Seine unmittelbaren Nachbarn sind Eich, Lange, Oda Schäfer, Krolow und die Langgässer. Das Landschaftliche als Generalbaß, auf das alle Figurationen des menschlichen Geschicks sich beziehen, hat auch in dieser neuen Sammlung seine Geltung nicht verloren ...: die Poesie des Reisens und der Entdeckung fremdartiger Landschaften und Siedlungen. Französische, griechische, kleinasiatische, vor allem aber italienische Szenerien beschäftigen die lyrische Phantasie.« (Hans Egon Holthusen)
Glanzstücke dieses schmalen Bandes sind so vielzitierte Gedichte wie *In der Bretagne* und *Münze aus Bir el Abbas, Caputher Heuweg* und *Chausseen, Bericht eines Pfarrers vom Untergang seiner Gemeinde* und vor allem das herrliche Kindheitsgedicht *Damals* – »Verse, die ihresgleichen nicht haben in der gegenwärtigen Literatur.« (Willy Haas)

Der Autor Peter Huchel, 1903 in Berlin geboren, wurde in den zwanziger Jahren von Willy Haas für die »Literarische Welt« entdeckt und war nach dem Zweiten Weltkrieg zunächst künstlerischer Direktor des Berliner Rundfunks und von 1949–1962 Chefredakteur der Ostberliner Literaturzeitschrift »Sinn und Form«, bevor er bei den DDR-Kulturpolitikern in Ungnade fiel. Wolf Biermann widmete ihm damals sein Lied: »Du, laß dich nicht verhärten in dieser harten Zeit ...«. Seit 1971 bis zu seinem Tod am 1. Mai 1981 lebte Peter Huchel in der Bundesrepublik in Freiburg i. Breisgau. Veröffentlichungen (u. a.: Gedichte, Berlin 1948, Gedichte, Karlsruhe 1949, Chausseen Chausseen, Frankfurt am Main 1963, Die Sternenreuse, München 1967.)

Peter Huchel

Chausseen Chausseen

Gedichte

Fischer
Taschenbuch
Verlag

Ungekürzte Ausgabe
Fischer Taschenbuch 5120
September 1982
Fischer Taschenbuch Verlag GmbH, Frankfurt am Main
Lizenzausgabe mit freundlicher Genehmigung
des S. Fischer Verlag GmbH, Frankfurt am Main

Umschlagentwurf: Jan Buchholz/Reni Hinsch
Umschlagfoto: Anne Kjaersti Strindberg
Druck und Bindung: Hanseatische Druckanstalt GmbH, Hamburg
Printed in Germany
680-ISBN 3-596-25120-6

Für Monica

... im großen Hof meines Gedächtnisses. Daselbst sind mir Himmel, Erde und Meer gegenwärtig ...

Augustinus

INHALT

I

II

III

IV

V

zu Seite 17

Abwandlung der Inschrift auf einer Sonnenuhr: Jede Stunde verwundet, die letzte tötet.

zu Seite 41

Marguerite Philippe, Kunkelspinnerin, war die bretonische »Viehmännin«; durch Morbihan wallfahrend und aus den Brunnen heilkräftiges Wasser schöpfend, ließ sie sich vom Volk Legenden und Marchen erzählen.

zu Seite 84

Bezugnehmend auf ein Wort des Thomas von Aquino.

I

DAS ZEICHEN

Baumkahler Hügel,
Noch einmal flog
Am Abend die Wildentenkette
Durch wäßrige Herbstluft.

War es das Zeichen?
Mit falben Lanzen
Durchbohrte der See
Den ruhlosen Nebel.

Ich ging durchs Dorf
Und sah das Gewohnte.
Der Schäfer hielt den Widder
Gefesselt zwischen den Knien.
Er schnitt die Klaue,
Er teerte die Stoppelhinke.
Und Frauen zählten die Kannen,
Das Tagesgemelk.
Nichts war zu deuten.
Es stand im Herdbuch.

Nur die Toten,
Entrückt dem stündlichen Hall
Der Glocke, dem Wachsen des Epheus,
Sie sehen
Den eisigen Schatten der Erde
Gleiten über den Mond.
Sie wissen, dieses wird bleiben.

Nach allem, was atmet
In Luft und Wasser.

Wer schrieb
Die warnende Schrift,
Kaum zu entziffern?
Ich fand sie am Pfahl,
Dicht hinter dem See.
War es das Zeichen?

Erstarrt
Im Schweigen des Schnees,
Schlief blind
Das Kreuzotterndickicht.

LANDSCHAFT HINTER WARSCHAU

Spitzhackig schlägt der März
Das Eis des Himmels auf.
Es stürzt das Licht aus rissigem Spalt,
Niederbrandend
Auf Telegrafendrähte und kahle Chausseen.
Am Mittag nistet es weiß im Röhricht,
Ein großer Vogel.
Spreizt er die Zehen, glänzt hell
Die Schwimmhaut aus dünnem Nebel.

Schnell wird es dunkel.
Flacher als ein Hundegaumen
Ist dann der Himmel gewölbt.
Ein Hügel raucht,
Als säßen dort noch immer
Die Jäger am nassen Winterfeuer.
Wohin sie gingen?
Die Spur des Hasen im Schnee
Erzählte es einst.

ELEGIE

Es ist deine Stunde,
Mann auf Chios,
Sie naht über Felsen
Und legt dir Feuer ans Herz.
Die Abendbrise mäht
Die Schatten der Pinien.
Dein Auge ist blind.
Aber im Schrei der Möwe
Siehst du metallen schimmern das Meer,
Das Meer mit der schwarzen Haut des Delphins,
Den harten Ruderschlag des Winds
Dicht vor der Küste.

Hinab den Pfad,
Wo an der Distel
Das Ziegenhaar weht.
Siebensaitig tönt die Kithara
Im Sirren der Telegrafendrähte.
Bekränzt von welligen Ziegeln
Blieb eine Mauer.
Das Tongefäß zerbrach,
In dem versiegelt
Der Kaufbrief des Lebens lag.

Felshohe Gischt,
Felsleckende Brandung,
Das Meer mit der Haut des Katzenhais.
Am Kap einer Wolke

Und in der Dünung des Himmels schwimmend,
Weiß vom Salz
Verschollener Wogen
Des Mondes Feuerschiff.
Es leuchtet der Fahrt nach Ios,
Wo am Gestade
Die Knaben warten
Mit leeren Netzen
Und Läusen im Haar.

THRAKIEN

Eine Flamme züngelt
Hier nachts am Boden,
Es wirbelt weißes Laub.
Und mittags zerschellt
Die Sichel des Lichts.
Das Rascheln des Sandes
Zerklüftet das Herz.

Hebe den Stein nicht auf,
Den Speicher der Stille.
Unter ihm
Verschläft der Tausendfüßler
Die Zeit.

Über den Paß,
Gekerbt von Pferdehufen,
Weht eine Mähne aus Schnee.
Mit rauchlosen Schatten
Vieler Feuer
Füllt sich am Abend die Schlucht.

Ein Messer
Häutet den Nebel,
Den Widder der Berge.
Jenseits des Flusses
Leben die Toten.
Das Wort
Ist die Fähre.

VERONA

Zwischen uns fiel der Regen des Vergessens.
Im Brunnen verdämmern die Münzen.
Auf der Mauer die Katze,
Sie dreht ihr Haupt ins Schweigen,
Erkennt uns nicht mehr.
Das schwache Licht der Liebe
Sinkt auf ihre Augensterne.

Es rasselt das Räderwerk im Turm
Und schlägt zu spät die Stunde an.
Die Erde schenkt uns keine Zeit
Über den Tod hinaus.
Ins Gewebe der Nacht genäht
Versinken die Stimmen
Unauffindbar.

Zwei Tauben fliegen vom Fenstersims.
Die Brücke behütet den Schwur.
Dieser Stein,
Im Wasser der Etsch,
Lebt groß in seiner Stille.
Und in der Mitte der Dinge
Die Trauer.

MONTEROSSO

Aufbrechende Knospe
Eines Gitarrenakkords.
Es kündet die Bar
Den Abend an.

Auf dem Domplatz
Wickelt der Steinmetz
Den Meißel ins Tuch.
Turmschwalbenschreie
Schleifen die Luft.
Über den Bergen
Die Marmorbrüche weißer Wolken,
Vom Wind behauen.

Die ihn nicht fanden,
Aller Gnaden Quell,
Und blieben
Beim Angelus
In siebenfacher Schuld,
Sie lehnen am Boot
Und prüfen
Die Schärfe der Harpune.

SAN MICHELE

Im Mauerwinkel
Ein schwarzes Feuer,
Den Heimweg der Toten wärmend.
Während der Schatten ihrer Gebete
Über schlafende Wasser weht,
Schwingt eine Glocke,
Die du nicht hörst.
Jede Stunde geht durch dein Herz
Und die letzte tötet.

Gestern,
Unter den Mandelbäumen,
Legten sie Feuer
Ans dürre Gras.
Kaufe dich los
Im Anblick der Grube.

Die Nacht,
Der dunkle Aderlaß,
Verströmt ins Blei der Dächer.
Das ferne Venedig
Ist keinen Fischfang wert.

HAUS BEI OLMITELLO

Niemand sah den Engel der Frühe
Im Mantel salzigen Schaums.
Aber ein Duft von Meer und Algen
Trug den Himmel
Und kühlte die heiße Stirn der Boote.
Die Fischer löschten die Lampen.

Niemand sah den Engel der Frühe.
Das Schweigen trat aus dem Schatten
Der Pinien und ging durchs Tor:
Dich stürzt kein Tod hinaus.
Im Krug verglomm das Öl.
Aber das weiße Wasser der Felsen
Trug den Himmel.

SÜDLICHE INSEL

für Walter Jens

Felsrunde Insel,
Schildkröteninsel,
Vulkanisch atmet der rissige Stein,
Wo unter den Quellen
Die Erde ihr düsteres Feuer schürt.

Agaven heben die Lanzen,
Drücken den Essigschwamm
An den dürstenden Mund des Himmels.

Öde Piazza.
Der Mittag schlägt
Mit dem Zirkel der Sonne
Den heißen Kreis.
Auf flachem Dach,
Der Tenne des Regens,
Dörren Feige und Traube.
Die Zisternen sind leer.
Wann ankert das schwarze Wasserschiff?

Durch die dämmernde Brandung
Stemmen Fischer ihr Boot.
Glasig,
Zwischen den Steinen,
Des Meeres Meduse.
Es glänzt, armer Zyklop,
Dein ausgepfähltes Aug.

Du siehst nicht mehr
Das Schwanken der Lampe
Unter dem Karren,
Den Pflugbaum
Aus flimmernden Sternen,
Der über der Insel steht.

CHIESA DEL SOCCORSO

Forio

Odem der salzigen Brandung,
Erquicke die Seelen.
Salzige Fluten, wascht weiß
Das Fischschuppenhemd der Toten.

Sie fuhren hinaus.
Schlafgraues Netz,
Noch einmal zog es durch ihr Leben
Und durch die Stille hoher Wasser.
Es riß das algenbefranste Tau.

Salzige Brandung,
Bist du das letzte
Erstarrte Bild,
Das aus den Augen der Toten
Die Fische fraßen mit sanftem Maul?

Fünf Kreuze
Stehen an kalkiger Mauer.
Das Tor weht auf.
Auf blauem Grund
Treibt still das Schiff,
Beladen
Mit dem Gold der Ferne.
Es ließ den Anker des Todes zurück.

ABEND IN VERNAZZA

Die Stunde naht,
Verschwistert einem Maultierschnauben,
Sie trägt
Auf felsiger Schulter
Das Reisig der Nacht.

Ausgesogen hat der Schlaf
Die summende Wabe des Markts.
Nur in der Mauer knistert
Das Silber der Diebe.
Die Brunnenkühle
Zieht in den Kern der Orange ein.

SIBYLLE DES SOMMERS

September schleudert die Wabe des Lichts
Weit über die felsigen Gärten aus.
Noch will die Sibylle des Sommers nicht sterben.
Den Fuß im Nebel und starren Gesichts
Bewacht sie das Feuer im laubigen Haus,
Wo Mandelschalen als Urnenscherben
Zersplittert im harten Weggras liegen.
Das Schilfblatt neigt sich, das Wasser zu kerben.
Die Spinnen reisen, die Fäden fliegen.
Noch will die Sibylle des Sommers nicht sterben.
Sie knotet ihr Haar in den Bäumen fest.
Die Feige leuchtet in klaffender Fäule.
Und weiß und rund wie das Ei der Eule
Glänzt abends der Mond im dünnen Geäst.

HINTER DEN WEISSEN NETZEN DES MITTAGS

Nicht kamst du von den vier Quellen,
Die einst ein Schicksal umflossen.
Doch hinter den weißen Netzen des Mittags
Warst du der Schatten der Nymphe
Mit meerkühlen Augen,
Ein Sternbild auf der Hüfte,
In keiner Himmelskarte zu finden.

Die Sterne verlöschen.
Nicht zähle die Jahre, zähle die Stunden.
Du schrittest unter Felsen den Weg.
Es wehten die weißen Netze des Mittags.

Unrast der Ferne,
Sinkender Himmelsstrich.
Das Licht vor der Küste
Zersplittert am Wind.
Und immer noch
Die rauhe Klage, erstickt
Im salzigen Rauch der Felsen:

Ich schwamm vor der Brandung
Und sah die Insel.
Da riß mich hinab
Der eisige Sog,
Mich schleudernd
Durch Feuer mitten im Wasser.

Mein Mund berührte das schwarze Gras
Und grub sich ein in purpurne Schatten.

Zwischen Himmel und Klippe
Die Drift der schreienden Vögel.
Ich lag am Strand,
Gefesselt im Garn der Algen,
Mit brennender Lippe
Vor einer Muschel.

II

FERME THOMASSET

Über Stroh und Jauche
Das lecke Licht der Stallaterne.
Am Mauerring,
Eingemörtelt vom Mond,
Das schwere Ochsengeschirr,
Die rote Kiefernrute,
Das Leder mit tödlichem Bolzen.

Die trübe Stunde,
Noch vor dem Fünfuhrmelken –
Es streift
Die trockene Blume des Heus
Die Trauer breiter Stirnen.

Öffne die Tür.
Es mengt sich der Stalldunst
Mit dem milchigen Dunst der Sterne.

Auf den Bergen
Die Stille,
Vom Fuß der Frühe gekeltert.
Und auf den Steinen,
Zertreten,
Die weiße Hostie der Apfelblüte.

SCHLUCHT BEI BALTSCHIK

Am Abend hängt der Mond
Hoch in die Pappel
Das silberne Zaumzeug der Zigeuner.
Er gräbt es aus,
Wo unter Steinen
Pferdeschädel
Und Trensen schimmern.

Eine Greisin,
Die Stirn tätowiert,
Geht durch die Schlucht,
Am hanfenen Halfter
Ein Fohlen.
Sie blickt hinauf
Ins alte Zigeunersilber
Der Pappel.

Nachts hebt sie aus dem Feuer
Ein glimmendes Scheit.
Sie wirbelt es über den Kopf,
Sie schreit und schleudert
Ins Dunkel der Toten
Den rauchenden Brand.

Die Pappel steht fahl.
Die Schildkröte trägt
Mit sichelndem Gang
Den Tau in den Mais.

MOMTSCHIL

Mond kam über die Kimme der Berge.
Im Felsen ging das Silber auf,
Das Auge der Nacht.
Gedröhn von Hufen,
Langtönend im Stein,
Erstickte der Staub.
Schneller trieb die Herde der Hirt,
Sein Schatten erklomm
Das Schweigen der Schlucht.

Bergoben,
Umgürtet von felsiger Mauer,
Doch ausgesetzt
Dem Anhauch großer Himmel,
Das Dorf der Tataren;
Die graue Moschee
Nicht höher als der Schober aus Stroh.
Neben dem Wasserrad die Hütte,
Der kühle, weiche Geruch von Mehl
Lag auf der Schwelle.
Und Nebel floß,
Weiße Schafsmilch,
Über den Rand des Dachs.

DER SPIEGEL

Am Abend versinken im Spiegel
Flut und Ebbe zuckender Lichter.
Schräg in die Erde
Geht der Mönch
Und deutet die Zeichen,
Geritzt in die Wand.
Es schwimmt der Fisch
Am Schleusentor des Himmels.

Auch brennt ein Feuer im Spiegel,
Das meine Hände einst wärmte.
Über den Sattelbogen des Passes
Der weiche gleitende Gang
Der Kamele. Und vor der Höhle,
Umweht vom Schatten
Treibenden Schnees,
Die Einsamkeit der Eule.

MITTAG

Sicheln,
Von heißer Sonne gedengelt,
Sicheln aus Bronze, Sicheln
Mit nackter Feuersteinschneide,
Sicheln Boas und Sicheln
Aus dem Grabe des Ti.
Es warf sie
Der Mittag
Flach übers Wasser.
Sie glitten
Mit schneidender Helle
Ins Rohr.
Es fiel kein Halm.

WEI DUN UND DIE ALTEN MEISTER

Bewundernd die alten Meister,
Die Steine malten als Knochen der Erde
Und dünnen Nebel als Haut der Berge,
War ich bemüht, mit steilem Pinsel,
Mit schnellem und verweilendem Strich
Den feuchten Glanz des Regens zu tuschen.

Da aber Mond und Sonne beschienen
Mehr und mehr verwüstetes Land,
Lagen nicht Steine als Knochen der Erde –
Gebein von Menschen knirschte im Sand,
Wo Panzer rissen mit fressender Kette
Das graue Mark der Straßen bloß.

O alte Meister, ich schabte den Tuschstein.
Ich wusch die Pinsel aus Ziegenhaar.
Doch als ich streifte im Rücken des Feindes,
Sah ich die unbewässerten Felder,
Das Schöpfrad zerschossen, im harten Geschirr
Starr hängen den Ochsen am Göpel,
Die Tempelhalle, ausgeplündert,
Wo auf dem Schutt lasierter Kacheln
Im weißen Mittag die Schlange schlief.

O alte Meister, wie sollte ich tuschen
Die felsige Rückenflosse der Flüsse,
Als stünde lauernd im flachen Wasser
Ein riesiger Fisch mit Kiemen aus Sonne.

Und tuschen den kühlen Duft des Nebels,
Das graue Weiß der schwebenden Schneeluft,
Als flöge Flaum aus windigem Nest.

Wohin, wohin zog euer Himmel,
In welche Fernen, erlauchte Meister,
Der Hauch der Welt, so leicht verwundbar?
Bilder des Schreckens suchten mich heim
Und beizten das Auge mit Rauch und Trauer.

Wo bist du, »Flötespielender Schiffer«?
Blickst du im Regen den Wildgänsen nach?
Nachts ging ein Klagen über den Fluß.
Es harkte mit qualmendem Ast dein Weib
In Glut und Asche der Bambushütte,
Um deinen schwarzen Schädel zu finden.

Und »Alter Mann, heimkehrend vom Dorffest«,
Still durch die Kühle fallenden Taus
Auf deinem Wasserbüffel reitend,
Blieb nicht dein Diener erschrocken stehn
Und ließ das Leitseil locker schleifen?
Du lenktest den Büffel hinter den Felsen.
Der Feind war schon vor deinem Tor.

Wo ist das »Gehöft am See«, umweht
Vom Haar der Gräser und Bäume?
Und wo im Schnee, gefiltert durch Nebel,
Das einsame »Dorf im Hochgebirge«?
Suche hinter den Zäunen aus Feuer!
Ausgedörrt hat alles der Krieg
Auf dieser Darre des Todes.

Wo sind die Stimmen, das Gonggetöse,
Der Duft von Tusche, ihr Dichter und Maler
Der »Landschaft mit Gelehrten bevölkert«?
Wie liegt ihr stumm auf blachem Feld,
Beraubt der Schuhe, der Amulette
Und preisgegeben den Vögeln und Winden.

Himmel und Erde nähren
Noch immer die zehntausend Wesen.
Die Knochen modern in der Tiefe.
Der Atem aber steigt in die Höhe
Und fließt als Licht, durch das ihr einst,
O alte Meister, in großer Ruhe geschritten.

MÜNZE AUS BIR EL ABBAS

Reibe die schartige Münze nicht blank.
Laß es schlafen, das fremde Gesicht,
Unter der grünen Schicht des Metalls
Wie unter dem grünen Wasser
Verschlammter Löcher der letzten Oase.

Die Münze klirrt.
Du hörst Getöse der Öde,
Die lange Klage der Karawanen,
Zerfallen zu Staub.
Vom Wind gewetzt,
Zerschneidet die Sichel des Sandes
Das Lagerfeuer,
Das schwarze Zelt aus Ziegenhaar,
Der Eselstute Nüster und Huf.

Ruhlose Münze,
Von Brunnen zu Brunnen getragen,
Auf schrundigem Rücken dürrer Kamele
Von Markt zu Markt,
Aus schmutzigem Kopftuch der Greisin fallend
Ins schmutzige Leder des Fladenhändlers,
Verborgen unter der Achsel des Diebes
Und wieder geworfen aus Räuberhand
Dem Leprakranken in den Napf,
Geschoben auf den dünnen Teppich,
Daß vor der Liebe die Ulad noch tanze,

Die über dem starren, gekalkten Gesicht
Den kleinen Mond aus Tierhaut schwingt,
Der dröhnend umkreist den Flötenton.

Ruhlose Münze,
Verschenkt und verloren,
Von Fersen getreten, von Zähnen geprüft,
Geschrieben ins Schuldbuch, ins Salz der Tränen,
Wenn unter der Fron der Mahlstein knirschte,
Du Zeuge des Schachers um Amber und Perlen,
Dem Richter den Spruch vom Munde nehmend:
Du nur kennst die Wege der Welt.
Du rolltest durch den Hunger des Volks,
Durch Prunk und Aufruhr alter Provinzen,
Durch Stammesfehden und Lachen von Blut,
Bis dich die Tatze der Wüste begrub.

Wo Öde wuchert an Wall und Mauer,
Mit stumpfer Hacke die Hitze schlägt,
Lagst du im Purpurschutt aus Scherben,
Dem Schweigen nun auf Zins geliehen –
Vom Spaten gehoben,
Das einzige Grün im grellen Sand,
Der Mammon der Toten,
Der nicht zu stillen vermochte
Den nie verlöschenden Durst der Welt.

LE POULDU

Steinschleudernd,
Mit fetzendem Schaum,
Es wälzt sich das Meer gegen den Herbst.
Das Dunkel flutet. An Luft und Wolke
Hängt sich ein Schreien, es stürzt hinab
Und höhlt dich aus. Geh fort, Gauguin.

Laß alles zurück,
Die Einfalt des Landes,
Das Holzschuhgeklapper auf blankem Granit,
Das Kreuz aus Stein,
Von Stimmen umwittert.
Und auf der Lippe des Sommers
Das kühle Feuer der Distel.

Am Rücken der Klippe
Stehen die Männer, sie fischen Treibholz.
Zottige Pferde schleifen auf Kufen
Seetang über den Strand.
Geh fort, Gauguin. Das Dunkel flutet.
Der Gelbe Christus neigt sein Haupt.
Aufflattern die weißen Hauben der Frauen.

Laß alles zurück,
Das Dorf, umgittert vom Garn der Netze,
Die rußumwehte Stunde nachts,
Die Stimme der Magd:
Herr, ich bin Wasser in deiner Hand.

Die fahle Frühe,
Ein Sensenblatt,
Liegt über der Dünung der See.
Die Kammer atmet. Blau flutet das Haar.
Und in der jähen Kehre des Traums
Treibt über rote Riffe ein Himmel,
Vom Hauch der Muschel gewölbt.

Die Küste huldigt dem Licht.
Die Fische tauchen tiefer
Und ziehen perlende Fäden
In den Schlaf der Schatten.

IN DER BRETAGNE

Wohin, ihr Wolken, ihr Vogelschwärme?
Kalt weht die Chaussee ins Jahr,
Wo einst der Acker warm von der Wärme
Des brütenden Rebhuhns war.

O Marguerite,
Kalt weht dein Haar,
Leg dir das dunkle Tuch ums Kinn,
Durch Morbihan wallfahre hin,
Schöpf Wasser aus den Brunnen.

Naßkahler Ginster. Und ihr Gehäuse
Verschloß die Schnecke mit kalkiger Wand.
Gedämpft das Licht in des Regens Reuse.
Und Steine und Stimmen im heidigen Land.

O Marguerite,
Streich mit der Hand
Die Asche von des Herdes Glut.
Es leuchtet auf das alte Blut
Im Feuer der Legenden.

III

WIDMUNG

für Ernst Bloch

Herbst und die dämmernden Sonnen im Nebel
Und nachts am Himmel ein Feuerbild.
Es stürzt und weht. Du mußt es bewahren.
Am Hohlweg wechselt schneller das Wild.
Und wie ein Hall aus fernen Jahren
Dröhnt über Wälder weit ein Schuß.
Es schweifen wieder die Unsichtbaren
Und Laub und Wolken treibt der Fluß.

Der Jäger schleppt nun heim die Beute,
Das kiefernästig starrende Geweih.
Der Sinnende sucht andre Spur.
Er geht am Hohlweg still vorbei,
Wo goldner Rauch vom Baume fuhr.
Und Stunden wehn, vom Herbstwind weise,
Gedanken wie der Vögel Reise,
Und manches Wort wird Brot und Salz.
Er ahnt, was noch die Nacht verschweigt,
Wenn in der großen Drift des Alls
Des Winters Sternbild langsam steigt.

WIDMUNG

für Hans Henny Jahnn

Singende Öde am Fluß: wer rief?
Da mit dem rudernden Fuß des Schwans
Die Nacht nun über dem Wasser naht,
Gehn Feuer dunkel hinab den Pfad,
Wo einmal der Knabe, im Schatten des Kahns,
Den Mittag neben den Netzen verschlief.

Wer aber wollte, wenn eisige Ferne weht,
Mit ihnen dort oben am Hügel nicht leben,
Die melken und pflügen
Und richten Gemäuer
Und Balken an Balken sicher fügen?
Wo sich das wasserhebende Windrad dreht,
Wohnen sie nahe am Korn. Ihr Tagwerk ist gut.
Dich aber rief es, aus feuer-
Brennender Tiefe zu heben
Die leicht erlöschende, ruhlose Glut.

NEBEL

für Ludvik Kundera

Grüngoldene Lauge
Der Sümpfe.
Rohrdommelröhricht.
Die Schlangen des Abends
Suchen den Himmel.
Falb züngeln sie
An den Erlen hoch.

Am Morgen hebt
Ein Duft von Kalmus
Den Nebel.
Und auf dem Wasser
Fegt der Wind
Den Schatten
Der Blätter
Zusammen.

DIE SPINDEL

Hohlweg,
Vom Ahornfittich überrauscht.
Und oben am Hang
Die riesige Spindel,
Das Heu des Bauern,
Gehäuft um eine Stange.

Wer hüllt sich ein
In flatternden Wrasen,
Ins Schultertuch der Nacht?
Wer dreht die Spindel
Am sausenden Gras?

Ein Strohdach
Stößt seinen Keil in den Himmel.
Ich sehe sie spinnen,
Die Alte,
Am Küchenfeuer,
Den Scheitel bestäubt von der Kleie
Des langen Tages
In Stall und Scheune.

Es surrt die Spindel hinter der Stirn
Und wickelt
Den Faden stürzender Jahre.
Salz weht ins Laub der Totenkrone,
Und Zins und Ziehgeld
Löscht der Regen.

Am Herd wärmt sich der Schuh.
Er tropft und zählt
Die Schwellen der Feldbahn,
Die schneegetünchten Meilensteine.

Kienblakende Flamme schlägt hoch.
Und draußen die Nacht,
Die rauhen Liturgien des Windes,
Die Äste brechend über den Gräbern.

Spindel am Hang,
Dein Faden weht kalt.
Aber ich trage glimmende Glut,
Das Wort der Toten,
Durchs Ahorndunkel der Schlucht.

DAMALS

Damals ging noch am Abend der Wind
Mit starken Schultern rüttelnd ums Haus.
Das Laub der Linde sprach mit dem Kind,
Das Gras sandte seine Seele aus.
Sterne haben den Sommer bewacht
Am Rand der Hügel, wo ich gewohnt:
Mein war die katzenäugige Nacht,
Die Grille, die unter der Schwelle schrie.
Mein war im Ginster die heilige Schlange
Mit ihren Schläfen aus milchigem Mond.
Im Hoftor manchmal das Dunkel heulte,
Der Hund schlug an, ich lauschte lange
Den Stimmen im Sturm und lehnte am Knie
Der schweigsam hockenden Klettenmarie,
Die in der Küche Wolle knäulte.
Und wenn ihr grauer schläfernder Blick mich traf,
Durchwehte die Mauer des Hauses der Schlaf.

CAPUTHER HEUWEG

Wo bin ich? Hier lag einst die Schoberstange.
Und schüttelnd die Mähne auf Leine und Kummet
Graste die Stute am wiesigen Hange.
Denn Mittag wars. Bei Steintopf und Krug
Ruhten die Mäher müde im Grummet.
Am Waldrand, wo schackernd die Elstern schrien,
Stand halb in der Erde ein Mann und schlug
Mit Axt und Keil aus Stubben den Kien.
Wann war dieser Sommer? Ich weiß es nicht mehr.
Doch fahren sie Grummet, der Sommer weht her
Vom Heuweg der Kindheit, wo ich einst saß,
Das Schicksal erwartend im hohen Gras,
Den alten Zigeuner, um mit ihm zu ziehn.

EINE HERBSTNACHT

Wo bist du, damals sinkender Tag?
Septemberhügel, auf dem ich lag
Im jähen blätterstürzenden Wind,
Doch ganz von der Ruhe der Bäume umschlungen –
Kraniche waren noch Huldigungen
Der Herbstnacht an das spähende Kind.
O ferne Stunde, dich will ich loben.
Langhalsig flogen die großen Vögel dort oben.
Sie schrieen gell, ich rief ein Wort.
Sie zogen über den Seen fort.
Durch Wasser und Nebel wehte dein Haar,
Urfrühes Dunkel, das alles gebar,
Moore und Flüsse, Schluchten und Sterne.
Ich sah dich schwingen
Durchs Sieb der Ferne
Den eisernen Staub der Meteore.
Die Erde fühlend mit jeder Pore,
Hörte ich Disteln und Steine singen.
Der Hügel schwebte. Und manchmal schoß
Den Himmel hinunter ein brennender Pfeil.
Er traf die Nacht. Sie aber schloß
Mit schnellem Dunkel die Wunde
Und blieb über wehenden Pappeln heil.
Quellen und Feuer rauschten im Grunde.

UNTER DER KIEFER

Nadeln ohne Öhr,
Der Nebel zieht
Die weißen Fäden ein.
Fischgräten,
In den Sand gescharrt.
Mit Katzenpfoten
Klettert der Epheu
Den Stamm hinauf.

AUFFLIEGENDE SCHWÄNE

Noch ist es dunkel, im Erlenkreis,
Die Flughaut nasser Nebel
Streift dein Kinn. Und in den See hinab,
Klaftertief,
Hängt schwer der Schatten.

Ein jähes Weiß,
Mit Füßen und Flügeln das Wasser peitschend,
Facht an den Wind. Sie fliegen auf,
Die winterbösen Majestäten.
Es pfeift metallen.
Duck dich ins Röhricht.
Schneidende Degen
Sind ihre Federn.

HINTER DEN ZIEGELÖFEN

Erhabene Helle,
Noch zu finden im fauligen Licht
Gestauter Wasser. Hinter den Ziegelöfen,
Gleisentlang,
Die leichte Dünung der Gräser.
Biege das weiße Schilf zurück,
Du stehst vor der Furt des Mittags.
Hier wird Gold gewaschen
Und auf zerbrochene Ziegel geschüttet.

IV

CHAUSSEEN

Erwürgte Abendröte
Stürzender Zeit!
Chausseen. Chausseen.
Kreuzwege der Flucht.
Wagenspuren über den Acker,
Der mit den Augen
Erschlagener Pferde
Den brennenden Himmel sah.

Nächte mit Lungen voll Rauch,
Mit hartem Atem der Fliehenden,
Wenn Schüsse
Auf die Dämmerung schlugen.
Aus zerbrochenem Tor
Trat lautlos Asche und Wind,
Ein Feuer,
Das mürrisch das Dunkel kaute.

Tote,
Über die Gleise geschleudert,
Den erstickten Schrei
Wie einen Stein am Gaumen.
Ein schwarzes
Summendes Tuch aus Fliegen
Schloß ihre Wunden.

BERICHT DES PFARRERS VOM UNTERGANG SEINER GEMEINDE

Da Christus brennend sank vom Kreuz – o Todesgrauen!
Es schrien die erzenen Trompeten
Der Engel, fliegend im Feuersturm.
Ziegel wie rote Blätter wehten.
Und heulend riß im wankenden Turm
Und Quadern schleudernd das Gemäuer,
Als berste des Erdballs Eisenkern.
O Stadt in Feuer!
O heller Mittag, in Schreie eingeschlossen –
Wie glimmendes Heu stob Haar der Frauen.
Und wo sie im Tiefflug auf Fliehende schossen,
Nackt und blutig lag die Erde, der Leib des Herrn.

Nicht war es der Hölle Sturz:
Knochen und Schädel wie gesteinigt
In großer Wut, die Staub noch schmolz
Und mit dem erschrockenen Licht vereinigt
Brach Christi Haupt vom Holz.
Es schwenkten dröhnend die Geschwader.
Durch roten Himmel flogen sie ab,
Als schnitten sie des Mittags Ader.
Ich sah es schwelen, fressen, brennen –
Und aufgewühlt war noch das Grab.
Hier war kein Gesetz! Mein Tag war zu kurz,
Um Gott zu erkennen.

Hier war kein Gesetz. Denn wieder warf die Nacht
Aus kalten Himmeln feurige Schlacke.
Und Wind und Qualm. Und Dörfer wie Meiler angefacht.
Und Volk und Vieh auf enger Schneise.
Und morgens die Toten der Typhusbaracke,
Die ich begrub, von Grauen erfaßt –
Hier war kein Gesetz. Es schrieb das Leid
Mit aschiger Schrift: Wer kann bestehn?
Denn nahe war die Zeit.

O öde Stadt, wie war es spät,
Es gingen die Kinder, die Greise
Auf staubigen Füßen durch mein Gebet.
Die löchrigen Straßen sah ich sie gehn.
Und wenn sie schwankten unter der Last
Und stürzten mit gefrorener Träne,
Nie kam im Nebel der langen Winterchausseen
Ein Simon von Kyrene.

DER TRECK

Herbstprunk der Pappeln.
Und Dörfer
Hinter der Mauer
Aus Hundegeheul,
Am Torweg
Eingekeilt der Riegel,
Das Gold verborgen
Im rostigen Eisentopf.

Spät das letzte Gehöft.
Zerschossen trieb die Kettenfähre
Den Fluß hinab.

Hier sah ich das Kind,
Gebettet
In den kältesten Winkel der Stunde,
Aus der Höhle des Bluts
Ans Licht zersplitterter Fenster
Gestoßen.
Das Kind war nahe dem Tag.

Draußen das Wasserloch
Ein Klumpen Eis.
Und Männer rissen mit Bajonetten
Fetzen Fleischs
Aus schneeverkrustetem Vieh,
Schleudernd den Abfall
Gegen die graubemörtelte
Mauer des Friedhofs.

Es kam die Nacht
Im krähentreibenden Nebel.
Hart ans Gehöft
Auf Krücken kahler Pappeln
Kam die Nacht.

Das Kind sah nicht
Die gräberhohle Erde.
Und nicht den Mond,
Der eine Garbe weißen Strohs
Auf Eis und Steine warf.
Das Kind war nahe dem Tag.

DEZEMBER 1942

Wie Wintergewitter ein rollender Hall.
Zerschossen die Lehmwand von Bethlehems Stall.

Es liegt Maria erschlagen vorm Tor,
Ihr blutig Haar an die Steine fror.

Drei Landser ziehen vermummt vorbei.
Nicht brennt ihr Ohr von des Kindes Schrei.

Im Beutel den letzten Sonnblumenkern,
Sie suchen den Weg und sehn keinen Stern.

Aurum, thus, myrrham offerunt . . .
Um kahles Gehöft streicht Krähe und Hund.

. . . quia natus est nobis Dominus.
Auf fahlem Gerippe glänzt Öl und Ruß.

Vor Stalingrad verweht die Chaussee.
Sie führt in die Totenkammer aus Schnee.

DIE PAPPELN

Zeit mit rostiger Sense,
Spät erst zogest du fort,
Den Hohlweg hinauf
Und an den beiden Pappeln vorbei.
Sie schwammen
Im dünnen Wasser des Himmels.
Ein weißer Stein ertrank.
War es der Mond, das Auge der Ödnis?

Am Gräbergebüsch die Dämmerung.
Sie hüllte ihr Tuch,
Aus Gras und Nebel grob gewebt,
Um Helme und Knochen.
Die erste Frühe, umkrustet von Eis,
Warf blinkende Scherben ins Schilf.
Schweigend schob der Fischer
Den Kahn in den Fluß. Es klagte
Die frierende Stimme des Wassers,
Das Tote um Tote flößte hinunter.

Wer aber begrub sie, im frostigen Lehm,
In Asche und Schlamm,
Die alte Fußspur der Not?
Im Kahlschlag des Kriegs glänzt Ackererde,
Es drängt die quellende Kraft des Halms.
Und wo der Schälpflug wendet,
Die Stoppel stürzt,
Stehn auf dem Hang die beiden Pappeln.

Sie ragen ins Licht
Als Fühler der Erde.

Schön ist die Heimat,
Wenn über der grünen Messingscheibe
Des Teichs der Kranich schreit
Und das Gold sich häuft
Im blauen Oktobergewölbe;
Wenn Korn und Milch in der Kammer schlafen,
Sprühen die Funken
Vom Amboß der Nacht.
Die rußige Schmiede des Alls
Beginnt ihr Feuer zu schüren.
Sie schmiedet
Das glühende Eisen der Morgenröte.
Und Asche fällt
Auf den Schatten der Fledermäuse.

WINTERQUARTIER

Ich sitze am Schuppen
Und öle mein Gewehr.

Ein streunendes Huhn
Drückt mit dem Fuß
Zart in den Schnee
Weltalte Schrift,
Weltaltes Zeichen,
Zart in den Schnee
Den Lebensbaum.

Ich kenne den Schlächter
Und seine Art zu töten.
Ich kenne das Beil.
Ich kenne den Hauklotz.

Schräg durch den Schuppen
Wirst du flattern,
Kopfloser Rumpf,
Doch Vogel noch,
Der seinen zuckenden Flügel preßt
Jäh ans gespaltene Holz.

Ich kenne den Schlächter.
Ich sitze am Schuppen
Und öle mein Gewehr.

SOLDATENFRIEDHOF

Die Luft ist brüchig.
Fünftausend Kreuze
In Reih und Glied,
Streng ausgerichtet
Auf Vordermann.

Nach dem Abendappell
Gehen sie in die Stadt.
Sie bevölkern Ruinen
Und schwarze Brücken,
Werfen Laub in die Grachten.

Sie besuchen den Dom
Und verdunkeln den Heiland.
Aber es glimmen die silber-
Beschlagenen Ecken des Meßbuchs.
Und das Stigma der Abendröte
Brennt auf den Dächern.

Als Fensterschatten
Lehnen sie an der Wand der Bar.
Sie hauchen Eis in die Gläser.
Sie blicken aus Gitarren
Den Frauen nach.

Kurz vor Mitternacht
Hallt gräberhin
Des Todes Clairon,

Das trostlose Trommeln,
Die große Retraite,
Der Zapfenstreich.

In erster Helle
Stehen sie wieder
Starr im Geviert.
Fünftausend Kreuze.
Streng ausgerichtet
Auf Vordermann.

V

POLYBIOS

I

Am Abend
Ergoß sich ein Blutsturz
Aus der Kehle des Himmels.
Es brannte die Luft
Den Toten
Purpurne Zeichen ein.

Hinter dem Pfahlwerk
Brannte von harten
Schreien der Staub.
Sie häuften die Beute.
Nach jedem Gemetzel
Verfaulen sie
In ihrer Stärke.

Zerschneiden wird die Nacht
Die Sehnen des Ruhms,
Erdrosseln das Gelächter,
Den Raub aus kalten Händen graben.

Ich ging durch den Steinschlag
Roher Worte
Und an den Feuergruben vorbei.
Ich ging zu den Stimmen,
Die sie nicht hören.

Zerrädert
Die Gräberstraße,
Ein Karrenweg fast.
Geköpfte Säulen,
Die Schrift verlodert.
Über dem Schutt
Verdunkelter Stimmen
Der Rauch des Schierlings.
Und nirgends die Tafel:

Hier liegt einer,
Der wollte noch singen
Mit einer Distel im Mund.

Knisternd fiel die Hitze
Aus glühender Pfanne der Nacht.
Nicht im Brunnen der Stern,
Die Scherbe leuchtet
Dem sinkenden Krug.
Zerschmetterter Mund,
Du leuchtest die Finsternis an.

II

Zerschossene
Schläfe des Dorfs,
Noch immer umschwommen
Vom Lindenduft.

Die Dächer gerodet,
Das Kirchenschiff
Ein glosender Spalt.
Es rief aus dem Rauch:
Ein Engel naht
Und setzt seinen Fuß
Auf meine Wunde.

Vor mir
In schmerzender Helle
Die stinkende Wunde der Chaussee,
Verkrustet und wieder aufgerissen.
Und Rinder lagen
Aufgeblasen
Vom Maul der Verwesung.

Aber ich blieb
An diesen Seen,
Wo der November
Die Pfeile
Im Köcher des Nebels
Zersplittert.
Unter dem Himmel
Der Eichelhäher

Lief ich durch finstere Dörfer,
Wo mittags Elias
Aus brennendem Ahorn trat.

Funksprüche
Durchtickten den Schlaf.
Am Feldrand die Tote,
Die Brauen voll Rauhreif,
Zwei weiße Ähren
Auf der Stirn.
Das öde Gehöft,
Ich trank im Schneewind
Und spürte das Eis
Am Gaumen der Pumpe.

Spät wird es Tag.
Ein Fittich aus Rauch
Weht durch den Himmel
Der Eichelhäher.
Verwandelt ist
Das Wasser der Seen.
Jede Brombeerranke
Ein rostiger Stacheldraht.
Stell deine Hunde
Vor die Nacht.

AN TAUBE OHREN DER GESCHLECHTER

Es war ein Land mit hundert Brunnen.
Nehmt für zwei Wochen Wasser mit.
Der Weg ist leer, der Baum verbrannt.
Die Öde saugt den Atem aus.
Die Stimme wird zu Sand
Und wirbelt hoch und stützt den Himmel
Mit einer Säule, die zerstäubt.

Nach Meilen noch ein toter Fluß.
Die Tage schweifen durch das Röhricht
Und reißen Wolle aus den schwarzen Kerzen.
Und eine Haut aus Grünspan schließt
Das Wasserloch,
Als faule Kupfer dort im Schlamm.

Denk an die Lampe
Im golddurchwirkten Zelt des jungen Afrikanus:
Er ließ ihr Öl nicht länger brennen,
Denn Feuer wütete genug,
Die siebzehn Nächte zu erhellen.

*

Polybios berichtet von den Tränen,
Die Scipio verbarg im Rauch der Stadt.
Dann schnitt der Pflug
Durch Asche, Bein und Schutt.
Und der es aufschrieb, gab die Klage
An taube Ohren der Geschlechter.

WARSCHAUER GEDENKTAFEL

I

Es ließen die Blitze
Zerstörter Sommer
Die Asche an den Bäumen.
Im Wundmal der Mauer
Erscheinen die Toten.
Die schuhlosen Füße frieren
Im Tau der Rosen.

II

O heiliges Blut,
Es brannte
In allen Adern der Stadt.
Ein Wall
Wunden Fleisches
War der Mund.
Am Schweigen
Hinter den Zähnen
Zerbrach das Eisen.

IN MEMORIAM PAUL ELUARD

Freiheit, mein Stern,
Nicht auf den Himmelsgrund gezeichnet,
Über den Schmerzen der Welt
Noch unsichtbar
Ziehst du die Bahn
Am Wendekreis der Zeit.
Ich weiß, mein Stern,
Dein Licht ist unterwegs.

WINTERPSALM

für Hans Mayer

Da ich ging bei träger Kälte des Himmels
Und ging hinab die Straße zum Fluß,
Sah ich die Mulde im Schnee,
Wo nachts der Wind
Mit flacher Schulter gelegen.
Seine gebrechliche Stimme,
In den erstarrten Ästen oben,
Stieß sich am Trugbild weißer Luft:
»Alles Verscharrte blickt mich an.
Soll ich es heben aus dem Staub
Und zeigen dem Richter? Ich schweige.
Ich will nicht Zeuge sein.«
Sein Flüstern erlosch,
Von keiner Flamme genährt.

Wohin du stürzt, o Seele,
Nicht weiß es die Nacht. Denn da ist nichts
Als vieler Wesen stumme Angst.
Der Zeuge tritt hervor. Es ist das Licht.

Ich stand auf der Brücke,
Allein vor der trägen Kälte des Himmels.
Atmet noch schwach,
Durch die Kehle des Schilfrohrs,
Der vereiste Fluß?

DER GARTEN DES THEOPHRAST

Meinem Sohn

Wenn mittags das weiße Feuer
Der Verse über den Urnen tanzt,
Gedenke, mein Sohn. Gedenke derer,
Die einst Gespräche wie Bäume gepflanzt.
Tot ist der Garten, mein Atem wird schwerer,
Bewahre die Stunde, hier ging Theophrast,
Mit Eichenlohe zu düngen den Boden,
Die wunde Rinde zu binden mit Bast.
Ein Ölbaum spaltet das mürbe Gemäuer
Und ist noch Stimme im heißen Staub.
Sie gaben Befehl, die Wurzel zu roden.
Es sinkt dein Licht, schutzloses Laub.

TRAUM IM TELLEREISEN

Gefangen bist du, Traum.
Dein Knöchel brennt,
Zerschlagen im Tellereisen.

Wind blättert
Ein Stück Rinde auf.
Eröffnet ist
Das Testament gestürzter Tannen,
Geschrieben
In regengrauer Geduld
Unauslöschlich
Ihr letztes Vermächtnis –
Das Schweigen.

Der Hagel meißelt
Die Grabschrift auf die schwarze Glätte
Der Wasserlache.

UNTER DER WURZEL DER DISTEL

Unter der Wurzel der Distel
Wohnt nun die Sprache,
Nicht abgewandt,
Im steinigen Grund.
Ein Riegel fürs Feuer
War sie immer.

Leg deine Hand
Auf diesen Felsen.
Es zittert das starre
Geäst der Metalle.
Ausgeräumt ist aber
Der Sommer,
Verstrichen die Frist.

Es stellen
Die Schatten im Unterholz
Ihr Fangnetz auf.

PSALM

Daß aus dem Samen des Menschen
Kein Mensch
Und aus dem Samen des Ölbaums
Kein Ölbaum
Werde,
Es ist zu messen
Mit der Elle des Todes.

Die da wohnen
Unter der Erde
In einer Kugel aus Zement,
Ihre Stärke gleicht
Dem Halm
Im peitschenden Schnee.

Die Öde wird Geschichte.
Termiten schreiben sie
Mit ihren Zangen
In den Sand.

Und nicht erforscht wird werden
Ein Geschlecht,
Eifrig bemüht,
Sich zu vernichten.

Neuere Literatur

Gerhard Roth
die autobiographie des albert einstein
Kurzromane. Band 5070
Der große Horizont
Roman. Band 2082
Ein neuer Morgen
Roman. Band 2107
Winterreise
Roman. Band 2094
Die schönen Bilder beim Trabrennen
Band 5400

Philip Roth
Die Brust
Roman. Band 2113

Peter Schalmey
Meine Schwester und ich
Roman. Band 2084

Klaus Schlesinger
Alte Filme
Eine Berliner Geschichte
Band 2091

Berliner Traum
Band 2101

Bruno Schulz
Die Zimtläden und alle anderen Erzählungen
Band 5066

Gerold Späth
Die heile Hölle
Roman. Band 5063
Heißer Sonntag
Band 5076
Stimmgänge
Roman. Band 2175
Unschlecht
Roman. Band 2078

Klaus Stiller
H-Protokoll
Band 2102
Traumberufe
Band 2096

Hannelies Taschau
Landfriede
Roman. Band 2099

Guntrum Vesper
Nördlich der Liebe und südlich des Hasses
Band 2112

Dieter Wellershoff
Ein schöner Tag
Roman. Band 2114
Die Schattengrenze
Roman. Band 5067
Die Schönheit des Schimpansen
Roman. Band 2089
Die Sirene
Eine Novelle
Band 5080

Fischer Taschenbuch Verlag

Ilse Aichinger

Meine Sprache und ich
Erzählungen
Fischer Taschenbuch Band 2081

zu keiner Stunde
Szenen und Dialoge
143 S. Ln.

verschenkter Rat
Gedichte
100 S. Ln.
(auch als Fischer Taschenbuch Band 5126 lieferbar)

schlechte Wörter
Mit einem Nachwort von Heinz F. Schafroth
»Die Dimensionen der Atemlosigkeit«.
135 S. Ln.

Die größere Hoffnung
Roman
Mit einem Nachwort von Heinz Politzer.
Fischer Bibliothek. 315 S. Geb.
Fischer Taschenbuch Band 1432

Besuch im Pfarrhaus
Ein Hörspiel. Drei Dialoge. 94 S. Kart.

Auckland
4 Hörspiele. 152 S. Brosch.

S. Fischer Verlag
Fischer Taschenbuch Verlag

Gottfried Benn

Gesammelte Werke in der Fassung der Erstdrucke

Vier Bände und ein Zusatzband

Textkritisch durchgesehene Ausgabe mit einer Einführung von Bruno Hillebrand

Die einzelnen Bände erscheinen 1982

Das Prinzip dieser Ausgabe der Schriften und Gedichte Gottfried Benns ist die Anordnung nach Sachgebieten in Chronologie. Bruno Hillebrand, der Herausgeber, wird jeden Band mit einer Einführung, einer Kurzbiographie und einer Auswahlbibliographie sowie je einem Namen- und Sachregister versehen. Dem Ergänzungsband, der die wichtigsten Aufsätze zur Rezeption des Werkes enthält, wird eine aktualisierte Gesamtbibliographie beigegeben.

Gedichte
Bd. 5231

Prosa und Autobiographie
Bd. 5232

Essays und Reden
Bd. 5233

Reden und Schriften
Bd. 5234

Über Gottfried Benn
Herausgegeben von Bruno Hillebrand
Bd. 5235

Fischer Taschenbuch Verlag